LA
BATAILLE DE SEDAN

NAPOLÉON III

DE WIMPFFEN — DUCROT

Suum cuique.

75 centimes

AVEC UN PLAN DE LA BATAILLE.

PARIS	LONDRES
A. LE CHEVALIER, ÉDITEUR	A. MAURICE, LIBRAIRE
61, rue Richelieu, 61.	13, Tavistock Row, Covent-Garden W. C.

1872

LA
BATAILLE DE SEDAN

NAPOLÉON III

DE WIMPFFEN — DUCROT

Suum cuique.

75 centimes

AVEC UN PLAN DE LA BATAILLE.

PARIS
A. LE CHEVALIER, ÉDITEUR
61, rue Richelieu, 61.

LONDRES
A. MAURICE, LIBRAIRE
13, Tavistock-Row, Covent-Garden W. C.

1872

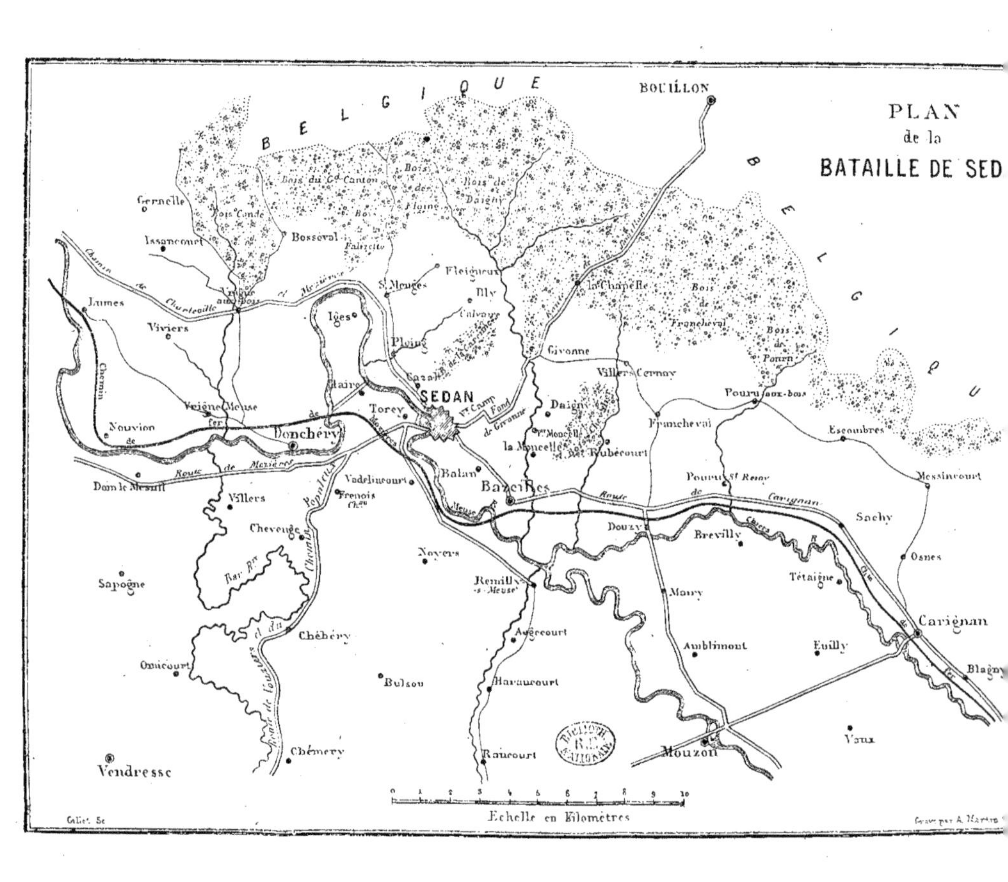
PLAN
de la
BATAILLE DE SED
BOUILLON
BELGIQUE
SEDAN
Donchéry
Torcy
Balan
Bazeilles
Mouzon
Carignan
Blagny
Vaux
Euilly
Tétaigne
Osnes
Sachy
Messincourt
Escombres
Pouru-aux-bois
Pouru St Remy
Francheval
Villers-Cernay
Daigny
la Chapelle
Givonne
la Moncelle
Rubécourt
Douzy
Brevilly
Mairy
Amblimont
Remilly-s-Meuse
Angecourt
Haraucourt
Raucourt
Bulson
Noyers
Chémery
Vendresse
Omicourt
Chéhéry
Cheveuge
Sapogne
Villers
Dom le Mesnil
Nouvion
Vrigne-Meuse
Viviers
Iges
Gernelle
Issancourt
Bosséval
Falizette
Fleigneux
St Menges
Bly
Ploing
Frenois
Vadelincourt
Gernelle
Jumes
Bois du Gd Canton
Bois de Daigny
Bois de Francheval
Bois du Ponrn
Echelle en Kilomètres

LA
BATAILLE DE SEDAN

NAPOLÉON III

DE WIMPFFEN — DUCROT

I.

Plusieurs documents d'un haut intérêt viennent d'être livrés au public. On a maintenant sur cette partie spécialement douloureuse et dramatique de nos revers, à laquelle est attaché le nom de Sedan, des renseignements dont l'autorité est irrécusable. Les généraux qui ont commandé dans la fatale journée du 1er septembre publient chacun l'apologie de leur conduite. On ne connaissait guère jusqu'à présent du désastre que les grands faits et des anecdotes de détail, des traits admirables de bravoure, ou de honteuses défaillances. Les circonstances principales de la bataille étaient à peu près ignorées, le rôle des différents corps mal expliqué, la responsabilité des fautes mal répartie entre les différents chefs. Voilà que la lumière commence. L'histoire de Sedan n'est pas faite, mais les éléments sont réunis. C'est, à ce qu'il semble, moins l'honneur du pays que le soin de leur honneur particulier qui fait parler les différents témoins; les acteurs du grand et terrible drame se rejettent l'un sur l'autre la honte du dénoûment. On assiste, quand on les écoute, à un conflit de récriminations, de contradictions. Le général de Wimpffen, qui a eu le malheur de commander en chef pendant la plus grande partie de la journée du 1er septembre et de conclure le soir la capitulation, veut répondre aux reproches dont il se sent couvert par l'opinion. Il accuse le général Ducrot. Le général Ducrot, qui, chargé du commandement du premier corps, a, le matin du 1er septembre, reçu du maréchal Mac-Mahon blessé et a exercé pendant plusieurs heures le commandement en chef de l'armée entière, répond aux reproches du général de Wimpffen. Le général Pajol, aide de camp de l'empereur, était de service pendant la journée de Sedan. Il a raconté la conduite particulière du souverain. Outre ces documents officiels et dont l'autorité est garantie par le nom et la position des auteurs, il y a une foule d'écrits anonymes. Nos états-majors ont été de vrais colléges d'historiographes. Enfin on a le rapport fait par le commandant en chef de l'armée allemande au roi Guillaume. Il est d'un intérêt douloureux de rapprocher, de contrôler, d'apprécier ces témoignages. Le tableau de l'événement, dont on n'avait jusqu'ici que le dessin, peut être dressé dans son entier à l'aide de ces pièces, instructives par leurs contradictions mêmes. Les conseils d'enquête fixeront prochainement sur quelques-uns des chefs de l'armée la responsabilité que l'opinion publique promène un peu, au hasard, sur la tête de tous. On dit que les débats auront lieu à huis clos. Il n'est pas inutile qu'une critique désintéressée des divers documents produits prépare l'éclaircissement définitif.

Le maréchal Mac-Mahon tomba blessé d'un éclat d'obus à environ quatre kilomètres de Sedan, entre Balan et Bazeilles, le 1er septembre, à six heures du matin. La journée de la veille, 31 août, s'était passée en marches. Une pointe des Bavarois sur Bazeilles avait été repoussée. Après l'effroyable surprise des cinquième et septième corps, l'échauffourée et la déroute de Beaumont, l'armée partie de Châlons pour aller rejoindre et dégager le maréchal Bazaine à Metz s'était arrêtée dans sa marche vers l'ouest. Les quatre corps qui la composaient, le premier, le cinquième, le septième et le douzième, avaient mis entre eux et l'ennemi le cours de la Chiers et celui de la Meuse. Ils s'étaient enfermés dans une sorte de parallélogramme dont la frontière de Belgique au nord, la ligne des deux rivières, la Chiers et la Meuse, au sud, formaient les côtés les plus développés. A l'extrémité la plus orientale de cette bande de terrains montagneux et boisés, longue de 40 kilomètres, large de 6 kilomètres sur quelques points, mais de 3 et de 5 sur beaucoup, se trouvait la ville de Carignan, la première du côté de Montmédy et de Metz. L'extrémité occidentale atteignait Mézières ; au milieu, à 23 kilomètres de Carignan et à 17 kilomètres de Mézières, se tenait, blottie au bord de la Meuse, au fond d'un amphithéâtre de hautes collines, la petite place de Sedan, patrie de Turenne. C'est sur Sedan que le maréchal Mac-Mahon avait concentré, le 30 au soir et le 31, les quatre corps d'armée dont il pouvait disposer.

Quel était le dessein de cette concentration ? Résolue le 30 août dans la soirée, accomplie dans la journée du 31, prolongée jusqu'à une heure fort avancée de la nuit, cette opération était le préparatif d'une lutte que le maréchal devait considérer comme inévitable pour le lendemain, 1er septembre. Il savait qu'il allait avoir à faire tête à deux armées, l'armée du roi et l'armée du prince royal. En partant de Châlons, on avait espéré atteindre l'armée du roi sur la Meuse, par une marche dérobée au prince royal. Si ce mouvement, dont le maréchal Mac-Mahon ne voulait pas, mais dont il reçut l'ordre de Paris, avait été plus rapide, plus résolu, ce résultat eût été obtenu. Ralentie par un concours et une suite de circonstances dont l'exposé devra quelque jour être fait et sera singulièrement instructif, la marche des quatre corps placés sous les ordres du maréchal Mac-Mahon éprouva un retard de quarante-huit heures. C'était l'avance que l'armée de Châlons avait sur l'armée du prince royal.

Cette avance perdue, Mac-Mahon eut contre lui réunies dans la vallée de la Meuse l'armée du roi et l'armée du prince royal ; il avait compté rencontrer la première isolée, et la battre avant l'arrivée de la seconde. Croyant surprendre, il fut surpris. Il trouvait concentrés des corps d'armée qu'il espérait trouver séparés. Il fallait renoncer à l'offensive, se tenir sur la défensive, et dans quelles conditions devait-on se défendre ? Partant de Châlons, l'armée du maréchal Mac-Mahon s'élevait à environ 120,000 hommes. Le général de Wimpffen, intéressé à diminuer les ressources dont il a eu la disposition, prétend qu'à raison tant des pertes subies pendant la marche et à Beaumont que des non-valeurs, il ne put disposer, dans la journée du 1er septembre, que de 70,000 combattants. Selon lui, pendant la marche de Reims à Sedan 16,000 restèrent en arrière. La bataille de Beaumont aurait coûté près de 25,000 hommes, tués, blessés, prisonniers ou qui s'enfuirent en Belgique.

Ces chiffres sont en contradiction avec le rapport des chefs de l'armée allemande au roi Guillaume, qui porte à 120,000 hommes le nombre des combattants de Sedan. L'évaluation de l'ennemi, quoiqu'elle paraisse sérieusement établie, peut être exagérée. On avait intérêt en Allemagne à grossir la victoire, comme en France à atténuer la défaite.

L'histoire, qui n'a de ménagement à garder pour personne, aura à rechercher le chiffre des forces respectives des deux armées en présence. Ni le général de Wimpffen, ni le général Ducrot n'ont pris le soin d'éclaircir ce point. Il n'est pas même bien certain pour nous que M. de Wimpffen ait connu, le 1er septembre, le chiffre des troupes qu'il commandait, et tout nous porte à croire qu'à l'heure présente, celui qui a conclu la capitulation de Sedan ne se fait pas une idée tout à fait précise du chiffre d'hommes qu'il a dû remettre aux mains de l'ennemi. Rapportant une conversation qu'il aurait eue le 2 septembre, au moment de la négociation de l'armistice, avec M. de Bismarck et M. de Moltke, le général de Wimpffen prête au premier de ces deux interlocuteurs une parole flatteuse pour l'orgueil français : « La valeureuse résistance de votre armée, aurait dit le chancelier, mérite les conditions les plus honorables, car avec 70,000 hommes, vous avez combattu contre 220,000. » M. de Bismarck a-t-il tenu ce propos ? Un capitaine du 4e régiment de cuirassiers, M. d'Orcet, assistait à la conversation : il en a, quelques jours après le 1er septembre, rédigé minutieusement tous les détails, et on ne trouve dans ce compte rendu en quelque sorte sténographique aucune parole qui se rapproche de celle que M. de Wimpffen prête à M. de Bismarck. On trouve, au contraire, que M. de Moltke, devant M. de Wimpffen et M. de Bismarck, dans cette même conversation à laquelle il était partie principale, évaluait à plus de 120,000 hommes le chiffre de l'armée française (1).

Quelque choix qu'il convienne de faire entre l'appréciation de M. de Wimpffen et celle de M. de Moltke, le point incontestable, c'est l'immense supériorité de l'armée allemande : en l'évaluant à 240,000 hommes, le général en chef allemand était dans l'exactitude absolue des faits. Mais ce n'était pas le nombre seul qui donnait à l'ennemi un avantage écrasant sur nous : on n'aurait pu, même à nombre égal, comparer les deux armées, l'une vaincue, démoralisée, épuisée par des marches longues et mal ordonnées, formée d'éléments disparates et mal approvisionnée ; l'autre victorieuse, pleine de confiance, habilement ménagée et abondamment pourvue de tous les approvisionnements nécessaires non seulement à son existence, mais à son bien-être. Il eût fallu au maréchal Mac-Mahon une inspiration de génie pour concevoir un dessein qui, dans de pareilles conditions, évitât la défaite. Il lui eût fallu une puissance surhumaine pour faire exécuter ce dessein. On ne sait pas encore quel était le plan du maréchal Mac-Mahon, quelle raison il avait eue d'or-

______

(1) « Nous avons fait aujourd'hui, disait M. de Moltke, 20,000 prisonniers non blessés, il ne vous reste pas plus de 80,000 hommes. » Mais M. de Moltke devait bien évaluer à 20,000 hommes le nombre des hommes mis hors de combat. C'était donc le chiffre de 120,000 qu'il attribuait à l'armée française. C'est le même chiffre qui fut énoncé dans le rapport au roi Guillaume, après que l'exécution de la capitulation eut fait connaître d'une manière plus précise les chiffres de notre malheureuse armée.

donner la concentration sous Sedan; il fut emporté du champ de bataille au moment où il allait se servir contre l'ennemi des dispositions qu'il avait prises la veille et la nuit. Le coup qui frappait le maréchal Mac-Mahon à la première heure de la journée devait ajouter une cause de plus aux causes générales de désorganisation et de défaite, déjà si nombreuses.

Quelque sympathie qu'inspire le maréchal Mac-Mahon par son courage, la grandeur même de son malheur et les services qu'il a rendus, on a aujourd'hui quelque droit de lui demander pourquoi il n'avait communiqué ni au général de Wimpffen, ni au général Ducrot, le dessein des opérations qu'il avait en vue pour la journée du 1er septembre.

Le vieux général de Mélas, placé le 13 juin 1800, au soir, dans une situation analogue à celle où se trouvait, le 31 août 1870, le maréchal Mac-Mahon, réunissait en conseil de guerre les officiers de son armée; leur exposant la situation, il demandait leurs conseils, et inspirait à tous par l'exposition de son dessein, sinon la confiance, du moins une virile résolution. « Tous les moyens, disait-il, proposés pour éviter la rencontre de l'ennemi, sont compliqués, difficiles, chanceux, ; il n'y a qu'un parti simple et honorable, c'est celui de nous faire jour. Demain, il faut nous ouvrir la route au prix de notre sang. Si nous réussissons, nous regagnerons, après une victoire, le chemin de Plaisance et de Mantoue; sinon, après avoir fait notre devoir, la responsabilité de notre désastre pèsera sur d'autres que sur nous. »

On sait que ce ferme langage et les énergiques résolutions qu'il inspira donnèrent pendant neuf heures, sur le champ de bataille de Marengo, la victoire aux Autrichiens; si leur succès se changea en désastre à la fin de la journée ce fut un véritable coup de fortune, et leur honneur demeura entier. Pourquoi le maréchal Mac-Mahon, dans la journée du 31 août et dans la nuit du 31 au 1er septembre, ne réunit-il pas les chefs de corps? Pourquoi, tout au moins, ne fit-il à aucun de ceux qui pouvaient lui succéder la communication de ses desseins pour le lendemain? C'est sans ordre du commandant en chef que le général Ducrot, dans la nuit du 30 au 31 août, arrête à Carignan le mouvement du premier corps sur Metz, et rétrograde pour descendre vers Mézières parallèlement au cours de la Chiers et de la Meuse. Durant toute la nuit et toute la matinée, il ne reçoit non-seulement pas d'ordre, mais pas de nouvelles du quartier général, où tous les renseignements doivent se concentrer et d'où doivent partir toutes les instructions. C'est le 31, à la fin de l'après-midi seulement, qu'il reçoit du maréchal Mac-Mahon une note fort brève, lui enjoignant de se placer avec le premier corps en avant de Sedan, à l'est. Le maréchal Mac-Mahon était si peu informé de ce qui se passait, qu'il écrit au général Ducrot, alors en marche de Carignan sur Francheval : « Je vous croyais à Sedan. »

La journée finie, après avoir fait camper ses

troupes dans les positions qu'elles devaient tenir le lendemain, le général Ducrot n'est pas appelé au quartier général, distant de deux kilomètres à peine : il passe la soirée « très-inquiet, profondément anxieux. » La nuit venue, il s'allonge à terre près d'un feu de bivouac qu'ont allumé les hommes du 1er régiment de zouaves, et il attend le jour. Le général de Wimpffen n'est pas mieux renseigné. Le 29 août, au matin, il était encore à Paris, revenant d'Afrique ; il prend le chemin de fer, arrive à Soissons, en repart pour Mézières ; arrivé en cette ville le 30, à huit heures du matin, il en repart pour Sedan, arrive le soir, et assiste à la déroute qui suit l'échauffourée de Beaumont. Il cherche le maréchal Mac-Mahon. A Bazeilles, on lui dit que le maréchal est à Remilly : il y court ; il ne trouve personne qui puisse lui indiquer où est le duc de Magenta ; il va à Douzy : on lui apprend que le maréchal a déjeuné à Mouzon ; il prend le chemin de cette ville, rencontre tous les corps en débandade, les soldats mourant de faim, nulle distribution n'ayant été faite, et demandant à grands cris « du pain ; » l'artillerie, la cavalerie entravées à chaque pas ; les embarras des voitures sur les routes étroites ; les équipages de l'empereur dont les conducteurs engalonnés prétendent que tout doit s'arrêter pour leur livrer passage.

Sans avoir été reconnu dans le commandement qui lui a été attribué par le ministre de la guerre, le général de Wimpffen donne, çà et là, des ordres, et, toujours à la recherche du maréchal Mac-Mahon, il ne peut jamais l'atteindre. Il rentre à Sedan vers une heure du matin : « il est trop tard pour tenter de voir le maréchal ! » Le lendemain matin, il ne le voit qu'au moment où il allait monter à cheval. C'est seulement dans l'après-midi, qu'après avoir pris le commandement du cinquième corps, au lieu et place du général de Failly, le général de Wimpffen a une entrevue avec l'empereur et le maréchal Mac-Mahon ; mais ni l'empereur ni le maréchal ne lui exposent leur plan de campagne. « Le premier, dit le général de Wimpffen, ignorait sans doute ce que pensait exécuter le commandant en chef, et celui-ci me paraît encore aujourd'hui n'avoir pas bien connu l'état de son armée, ni celui des forces ennemies. » Et il ajoute : « Le duc de Magenta... ne devait-il pas me mettre au courant du plan général adopté, me faire connaître nos ressources, le fort et le faible des choses ? Ne devait-il pas m'éclairer sur ses intentions ? Quoi ! un adversaire hardi combine ses mouvements de façon à se placer entre nous et la France, réussit à nous forcer d'accepter le lendemain une bataille défensive... et au moment suprême le duc de Magenta ne daigne rien me dire ! »

La nuit du 31 août au 1er septembre se passa pour le général de Wimpffen comme pour le général Ducrot. Pendant que celui-ci dormait près du feu du 1er zouaves, celui-là, près des bivouacs du cinquième corps, « s'étendait sur le sol nu, n'ayant ni tente ni manteau, plongé dans des réflexions fort tristes, et tenu éveillé par le froid qui, cette nuit-là, était assez vif. »

Il est nécessaire de suspendre tout jugement sur la valeur des reproches adressés par le général de Wimpffen au maréchal Mac-Mahon. Le duc de Magenta a jusqu'ici gardé le silence; mais, dès maintenant, il est néanmoins permis d'écarter du maréchal une insinuation du général de Wimpffen. Celui-ci était, paraît-il, peu sympathique au maréchal. Cette froideur aurait été, d'après le général de Wimpffen, la cause de la décision qui, au début de la guerre, laissait en Afrique le général de Wimpffen. Mais le général va plus loin, et il laisse entendre que si le maréchal Mac-Mahon, dans la soirée du 31, ne lui communiqua pas le plan de bataille du lendemain, ce fut par obéissance à un sentiment de malveillance. Bien misérable assurément serait l'âme coupable d'une pareille faiblesse, mais il ne semble vraiment pas qu'on puisse la reprocher au maréchal Mac-Mahon. Le général Ducrot, auquel Mac-Mahon, blessé, devait le lendemain confier le commandement général et qui tenait de lui le commandement du 1er corps, n'était pas, et il le déclare lui-même, mieux renseigné que le général de Wimpffen. Dans une brochure attribuée à l'empereur, celui-ci a prétendu que le général Ducrot connaissait les « intentions » du maréchal Mac-Mahon; mais cette affirmation est démentie par le général Ducrot lui-même, qui se plaint de n'avoir pas reçu d'ordre. Ce n'est donc pas par défaut de sympathie ou secrète préférence accordée à l'un au préjudice de l'autre que le maréchal Mac-Mahon n'a pas communiqué aux chefs de corps sa pensée, n'a pas provoqué une délibération. La réserve qu'il a gardée n'a-t-elle pas, hélas! une explication qui se rencontre impitoyable toutes les fois qu'on étudie dans le détail les événements des derniers jours de l'empire? L'empereur, la veille de la déchéance, comme le prince-président, dans les petits salons de l'Élysée, la veille du coup d'État, hésitait, se troublait, embarrassait le dévouement de ses plus chauds partisans, cédait et résistait, voulait et ne voulait pas. Il avait les larmes aux yeux; il prenait les mains des généraux; il s'écriait: « Hélas! nous sommes bien malheureux! » Au général de Wimpffen, venu d'Afrique et arrivant en droite ligne de Paris par Mézières, il demandait gravement de lui expliquer « pourquoi nous étions battus et qui avait pu amener la désastreuse affaire de Beaumont. » Il se faisait répéter plusieurs fois les mêmes choses; il ne voulait pas croire les rapports qu'on lui faisait. Sa présence était un embarras funeste dont les chefs de l'armée voulaient s'affranchir. Ils en avaient déjà bien assez d'autres! On lui demandait de se retirer à Mézières, d'où « sa personne eût été hors des atteintes » de l'ennemi, et d'où, à la tête du treizième corps, » il pouvait rétrograder sur Paris. » Il résistait à ces avis. Quitter l'armée, après avoir quitté le gou-

vernement, c'était déclarer lui-même sa déchéance.
Il refusait de partir. Le 30 au soir, à Carignan, il
ne voulait pas quitter Ducrot; le 31, revenu de
Carignan à Sedan, il s'attachait à Mac-Mahon et
s'obstinait, malgré tous les conseils, les instances
du commandant en chef et l'intérêt manifeste de
l'armée, à demeurer à Sedan. L'idée du retour à
Paris lui était insupportable. Il ne pensait qu'à lui,
voulait écarter la responsabilité du désastre immi-
nent, accusait les différents généraux les uns auprès
des autres, se plaignait de Mac-Mahon à de Wimpffen et peut-être de Wimpffen à Mac-Mahon. Tantôt
il prenait la plume, écrivait une proclamation, mais
son esprit troublé ne pouvait plus adresser à l'armée que des phrases sans élévation, sans chaleur,
peu sincères, pleines de mots dangereux et propres
à achever le découragement des troupes; tantôt il
laissait éclater devant ses aides de camp, confondus
et silencieux, les incertitudes et les angoisses d'une
âme qui n'a plus possession d'elle-même. Il faisait
sans suite de ces réflexions d'une naïveté vraiment
ridicule : « Nos positions étaient magnifiques !!...
C'est impossible! » Ce qui était impossible, l'empereur restant à Sedan et donnant ce spectacle, c'é-
tait de tenir conseil avec les chefs des différents
corps, d'ouvrir une délibération sérieuse et d'arrêter un plan quelconque. La dernière heure du gouvernement le plus personnel qu'il y ait eu en France
depuis 1814, devait s'écouler comme le règne tout
entier, dans la peur des délibérations qui éclairent,

des discussions qui montrent où est le salut, dans les tâtonnements de l'ignorance et de l'aveugle-ment !

II.

La nuit du 31 août au 1ᵉʳ septembre fut une nuit froide et claire. Il semblait, dit un témoin oculaire, que le ciel qui couvrait les deux armées était une large voûte rougeâtre : des deux côtés de la Meuse, d'innombrables feux marquaient les bivouacs ; cependant, le matin du 1ᵉʳ septembre, quand la bataille commença, un brouillard épais s'étendait sur toute la vallée et cachait les uns aux autres les différents corps de l'armée. Ce fut le douzième corps qui supporta le premier effort de l'ennemi. Les ordres du maréchal Mac-Mahon l'avaient placé à l'extrémité orientale des lignes de bataille. Il couvrait Sedan à l'est, occupait les villages de Balan, de Bazeilles et Douzy. La Meuse, après avoir reçu les eaux de la Chiers, avant de passer sous les murs de Sedan, coule pendant deux kilomètres au pied d'une colline élevée qui domine sa rive gauche, et au bord d'une petite plaine qui occupe sa rive droite. Dans cette petite plaine, s'élèvent deux villages : l'un, Balan, aux portes mêmes de Sedan ; l'autre, Bazeilles, à 4 kilomètres de la place. Ces deux groupes de maisons sont disposés le long de la grand'route qui, parallèle à la Meuse, à la Chiers ensuite, va de Sedan à Carignan. La petite plaine et les deux villages sont dominés au nord par le commencement des collines qui forment, autour de Sedan, le demi-cercle d'un amphithéâtre. Le douzième corps était établi sur ces collines, ses avant-postes occupaient Bazeilles, en avant sur la route de Carignan Douzy, et, un peu en arrière de Bazeilles, Balan. Outre l'avantage d'une position dominante, le douzième corps avait la protection d'une ligne de défense excellente, le cours de la Meuse, qui, profonde, rapide, le séparait de l'ennemi. Ce fut sur Bazeilles qu'eut lieu le matin la première attaque. Cette attaque fut une surprise.

Le premier corps bavarois, commandé par de Thann, faisant partie de la quatrième armée sous les ordres du prince royal de Saxe, était la veille au soir sur la rive gauche de la Meuse. Le pont du chemin de fer de Sedan à Thionville, qui franchit cette rivière presque en face de Bazeilles, n'avait pas été coupé. Le premier corps bavarois, à quatre heures du matin, traversa, sans rencontrer la moindre résistance, une rivière dont le passage, s'il lui eût été disputé, eût été pour lui plein de péril. Non-seulement le génie n'avait pas rompu le pont du chemin de fer, mais notre douzième corps n'avait pas éclairé ses approches. A cinq heures du matin, les Bavarois débouchèrent sur Bazeilles, quand on les croyait encore de l'autre côté de la Meuse, à

Remilly. En même temps que nous étions attaqués à Bazeilles, les avant-postes français placés à Douzy étaient à l'improviste assaillis par le quatrième corps prussien. Les ponts qui permettent de passer la Chiers à Blangy, à Carignan, à Douzy, n'avaient pas été coupés, non plus que celui du chemin de fer à Bazeilles. Ordre avait été donné au génie de faire sauter tous ces ponts, mais cette opération n'avait pu être exécutée : « la poudre nécessaire manquait » (1).

Le douzième corps, qui se trouvait ainsi, le matin du 1ᵉʳ septembre, le premier aux prises avec l'ennemi, était sous les ordres du général Lebrun. Sa principale force consistait dans quatre régiments de ces soldats d'infanterie de marine, fils de la Bretagne, de la Vendée, de la Gascogne, et d'une solidité opiniâtre et inébranlable. Le général de Vassoignes les commandait.

Les avant-postes de cavalerie, surpris à Douzy par les Prussiens, à Bazeilles par les Bavarois, se replièrent sur les hauteurs qui couvrent ce dernier village. Les batteries ennemies établies sur la rive gauche les poursuivirent. Un feu meurtrier s'ouvrit contre les troupes étagées et retranchées sur les hauteurs de la Moncelle.

La lutte qui, commencée avec le jour, se continua durant toute la journée autour de Bazeilles, eut

---

(1) Voir, pour ce détail, les notes du colonel Robert, chef d'état-major général du premier corps d'armée.

un caractère d'héroïsme dramatique. Pendant toute la matinée, les Bavarois ne purent dépasser la station du chemin de fer. Chaque tentative de leur part était arrêtée par le feu de nos soldats abrités dans les maisons, et les décharges des mitrailleuses, admirablement servies par nos troupes de marine. Les habitants rivalisaient de courage avec les soldats : ils devaient, quelques heures après, être cruellement châtiés de leur patriotisme ! Les Bavarois couvraient le village d'obus afin de faire retirer nos soldats. Ce fut précisément un de ces obus qui, éclatant, blessa à la hanche le maréchal Mac-Mahon. Il était impossible au duc de Magenta, si brave qu'il fût, de rester au feu. On l'emporta. Au moment où il quittait Bazeilles, il rencontra l'empereur, et eut avec lui un moment d'entretien.

Ce fut au général Ducrot que le maréchal Mac-Mahon, forcé de quitter le champ de bataille, et après avoir rencontré l'empereur, remit le commandement en chef. Le général de Wimpffen avait été investi par le ministère de la guerre du même commandement. Le conflit, qui devait nécessairement résulter de ce double choix, allait avoir les conséquences les plus funestes. Le droit de donner à l'armée un commandant en chef pour le cas où le maréchal Mac-Mahon viendrait à ne plus pouvoir exercer le suprême commandement, appartenait sans aucun doute au ministère de la guerre. L'empereur n'avait plus l'autorité de faire une pareille nomination. Le comte de Palikao avait usé d'un

droit incontestable en donnant, le 29 août, le commandement en chef au général de Wimpffen pour
« le cas où il arriverait malheur au maréchal Mac-
Mahon. » Le général de Wimpffen était d'ailleurs
plus ancien dans le grade de général divisionnaire
qu'aucun autre général de l'armée de Châlons. Après
lui, l'ordre d'ancienneté plaçait au second rang le
général Douay et, au troisième seulement, le général Ducrot. Pourquoi, malgré la désignation du ministre de la guerre et les droits du général de
Wimpffen, le commandement suprême passa-t-il au
général Ducrot? Le maréchal Mac-Mahon ignorait,
paraît-il, la nomination qu'avait faite du général de
Wimpffen le ministre de la guerre. Donner le commandement d'une armée à un général d'une manière en quelque sorte clandestine, et au moyen
d'une lettre de service tenue secrète, était une des
détestables habitudes de l'empire.. Le maréchal
Mac-Mahon, à défaut de nomination par le ministre
de la guerre, aurait dû suivre l'ordre d'ancienneté,
et, à raison de cet ordre, remettre le commandement à de Wimpffen, non à Ducrot; mais l'empereur était là. Il n'y était pas, comme il le disait, en
« simple soldat; » il y était maître encore. On disait,
à Paris, qu'il n'avait plus le commandement en chef.
C'était un mensonge : en fait, il exerçait, par sa
présence, la plus fatale action sur les généraux,
spécialement sur le maréchal Mac-Mahon. Devant
l'ennemi, au milieu de la plus épouvantable aven-
ture, le « quartier impérial de Sedan » offrait

encore, sous plus d'un rapport, l'image d'une cour, où les questions de préséance et de préférence sont décidées souverainement par le caprice du prince. Le général Ducrot n'aurait pas été choisi par le maréchal Mac-Mahon, si celui-ci n'avait pas eu près de lui, pour couvrir la responsabilité de ce choix, la personne de l'empereur. Sans l'empereur, le 31 août au soir, il y aurait eu un conseil de guerre à Sedan; sans l'empereur, le commandement en chef de l'armée eût, après la retraite du maréchal Mac-Mahon, passé directement aux mains qui devaient l'exercer.

Prévenu de la blessure et de la retraite du maréchal Mac-Mahon, le général de Wimpffen prit-il tout de suite, comme il en avait le droit, le commandement qui lui revenait? Le général de Wimpffen attendit. Le maréchal Mac-Mahon avait été blessé à six heures; vers six heures un quart, le général de Wimpffen avait été prévenu : il laissa s'écouler quatre et cinq heures avant de revendiquer formellement et de prendre en main le commandement : retard fatal, et qui allait avoir les résultats les plus terribles!

Le général Ducrot, à qui Mac-Mahon remit et à qui de Wimpffen laissa d'abord le commandement en chef, avait pour dessein de combat de battre en retraite sur Mézières, vers l'ouest. Dès la veille, il suivait avec le premier corps la route de Carignan à Mézières par les hauteurs, et, sans descendre dans le fond de la vallée, il se dirigeait vers Mézières, quand il avait été arrêté par Mac-Mahon, et forcé d'attendre l'ennemi devant Sedan. A peine investi du commandement, on doit croire qu'il se décida à reprendre le dessein qu'il avait formé. S'il l'eût fait résolûment, si, dès six heures et demie du matin, il eût sans hésitation, alors que l'armée n'était pas cernée, poussé énergiquement vers le couchant et le nord, il eût peut-être sauvé tout au moins une partie des corps à la tête desquels il se trouvait placé.

La route de Mézières, par laquelle la retraite se fût opérée, passe au-dessous de Sedan, entre la Meuse à gauche et la frontière de Belgique à droite. Cette route était peut-être celle du salut. Le général Ducrot le croit encore, et il oppose tous les avantages d'une retraite opérée sur Mézières et par le nord aux dangers d'une retraite opérée sur Carignan et par l'est. Il montre d'un côté la retraite sur Carignan, conduisant à Montmédy et Longwy, mal approvisionnée et sans défense, la rencontre probable de l'armée de Frédéric-Charles, le danger d'être pris entre les 200,000 hommes de Frédéric-Charles et les 250,000 hommes du prince royal ; d'un autre côté la retraite sur Mézières conduisant à une place très-forte, bien approvisionnée, la certitude de rencontrer le renfort de 30,000 hommes du général Vinoy, la possibilité de se replier sur les places du nord ou sur la Somme, sur l'Oise, sur Paris. Les considérations du général Ducrot sont fort justes. Le général de Wimpffen ne les conteste pas, mais il soutient que, dans la nuit du 31 août au 1er septembre, la route de Mézières était déjà fermée par l'armée du prince royal, et la retraite impossible de ce côté. C'est là le point de désaccord entre les deux généraux. Le débat entre eux se réduit à une question d'heure. Le 1er septembre au matin, quelles forces les Allemands avaient-ils fait passer en aval de Sedan, sur la rive droite de la Meuse, pour fermer à l'armée française la retraite sur Mézières? Il est certain qu'en aval de Sedan, pas plus qu'en amont, les ponts qui devaient arrêter l'ennemi n'avaient été coupés. Le prince royal avait reçu le 31 au soir l'ordre de passer la Meuse à Donchery, à quelques lieues au-dessous de Sedan, et d'aller couper, vers Vigne-aux-Bois, la retraite aux corps d'armée qui auraient voulu gagner Mézières. Il est constant que cet ordre avait été exécuté, et que le matin du 1er septembre, la Meuse franchie, en aval de Sedan comme en amont, l'investissement de l'armée était complet au levant, au couchant et au sud. Le nord seul et l'issue vers la Belgique restaient ouverts. Mais les forces du prince royal, chargées de fermer la route de Mézières, auraient-elles pu, comme le soutient le général Ducrot, être « bousculées? » La retraite de ce côté, fermée par 80,000 hommes, était-elle impossible comme le soutient le général de Wimpffen? Là est le point discuté.

Le général Ducrot rapporte qu'il aurait eu, après la capitulation, une conversation avec le général de

Blumenthal, major général du prince royal. Dans cette conversation, le général de Blumenthal aurait avoué à Ducrot que, pendant une grande partie de la journée du 1er, il avait été fort inquiet, redoutant un effort désespéré de notre part du côté de Mézières. « Je n'avais, dit-il au général Ducrot, jusqu'à une heure du soir, que 200 bouches à feu soutenues par quelques escadrons de cavalerie. — C'était bien téméraire, répliqua Ducrot. — Téméraire, non ; audacieux, oui, reprit de Blumenthal ; mais à la guerre il faut agir d'après le moral de ses adversaires. Nous vous savions bien abattus ; nous pouvions donc beaucoup oser. » Il faut avouer que ce témoignage, la seule preuve donnée par le général Ducrot à l'appui de son affirmation, est peu décisif. Si le général de Blumenthal a tenu bien précisément le propos que lui prête le général Ducrot, il ne faut y voir qu'une légèreté de langage ou un malentendu. C'est du moins ce que soutient le général de Wimpffen ; il montre par le rapport officiel présenté sur la bataille de Sedan par les généraux allemands au roi Guillaume que, le 1er septembre à six heures du matin, le onzième corps et une partie du cinquième corps étaient déjà en position de fermer la route de Mézières ; il raconte que, le 31 au soir, un maire des environs vint le prévenir que plus de 80,000 Allemands passaient la Meuse entre Donchery et Dom-le-Mesnil, et que le marquis de Laizer, officier d'ordonnance, fut envoyé pour informer le quartier général de ce mouvement ; il cite le com-

mandant Hervé, du 3e de zouaves, qui rapporte
avoir vu, dans la journée du 31, des colonnes prussiennes marchant dans la direction de Mézières
pour couper de ce côté la retraite. L'historien devra
s'attacher d'une façon toute particulière à la vérifi-
cation de ces différents faits. Mais dès maintenant,
et en admettant qu'il fût possible de réaliser le
matin du 1er septembre le dessein de Ducrot, on
n'en est que plus fondé à condamner la conduite de
ce général.

Quelle que fût la position des corps allemands à
l'ouest de Sedan, la retraite sur Mézières ne pouvait être exécutée qu'à la condition d'être résolue
et exécutée avec une grande décision et une grande
énergie. Le général Ducrot prétend qu'investi du
commandement suprême, il n'eut pas d'hésitation
et ordonna tout de suite le mouvement sur Illy et
la route de Mézières. « Le général Ducrot, dit-il,
devait prendre un parti instantanément : il l'a fait
sans hésitation. » Or, sur ce point, il est démenti
par le général Lebrun, commandant le douzième
corps. Ce corps tenait avec avantage contre les Bavarois dans Bazeilles, et c'était lui cependant qui
devait le premier se replier si la retraite sur Mézières était exécutée. Or le général Lebrun, chef
du douzième corps, dit bien que le général Ducrot
pensait que le mouvement de retraite était nécessaire, mais il déclare que l'ordre ne lui fut pas
donné d'abord « d'une manière positive » ; que,
tout en se tenant prêt à l'exécuter, s'il lui était

donné dans des conditions absolument impératives, il crut devoir indiquer au général Ducrot les difficultés sérieuses de la retraite sur Mézières.

Il résulte d'ailleurs des explications du général Ducrot, commandant en chef, et du général Lebrun, commandant du douzième corps, que le premier n'insista pas d'abord, et qu'investi du commandement suprême entre six heures et demie et sept heures, ce fut à neuf heures seulement qu'il renouvela au général Lebrun l'invitation de commencer le mouvement de retraite. En fait, le mouvement ne commença à s'exécuter que vers neuf heures et demie. Le général Ducrot ne doit donc pas s'attribuer aujourd'hui une résolution et une promptitude de décision qu'il n'eut pas dans l'action. Il peut, à la rigueur, soutenir aujourd'hui contre le général de Wimpffen que le dessein de la retraite sur Mézières était réalisable, mais il lui restera le tort inexcusable de n'avoir pas, dès le premier moment où le commandement lui échut, donné l'ordre que comportait l'exécution de son dessein. Brave, mais se laissant emporter et perdant la possession de soi, si nécessaire au commandement, plus extrême dans ses résolutions que précis dans ses décisions, violent et n'obtenant pas l'obéissance de ses subordonnés, le général Ducrot n'avait ni le sang-froid, ni l'autorité, ni le prestige personnel, indispensables pour entraîner dans un mouvement décisif les armées dont le sort lui était confié. Il eût fallu au moins que l'empereur, se tenant près de lui, lui prêtât l'influence que les soldats, dans toute armée, accordent toujours à la vue du souverain. Présent depuis sept heures du matin sur des points où il ne pouvait rendre aucun service, il était absent là où il eût pu peut-être encore être utile. Ce n'est pas tout, quand l'empereur se montre, il apparaît comme le génie fatal dont l'action néfaste devait tout perdre. A peine prévenu de l'ordre donné par le général Ducrot, l'empereur intervient. Il envoie « demander des éclaircissements » à celui qui, chargé du commandement en chef, doit avoir la pleine indépendance de ses décisions. Ducrot insiste. L'empereur paraît céder. Le mouvement de retraite commence ; c'est alors que, tout à coup, le général de Wimpffen s'empare du commandement en chef, qu'il avait laissé jusqu'ici au général Ducrot. Une retraite serait le salut pour l'armée ; mais l'idée épouvante l'empereur ! Ce qu'il veut, c'est une victoire et c'est une victoire que le général de Wimpffen va lui promettre ! Il est dix heures. Les fautes depuis le matin se sont accumulées. Les ponts qui n'ont pas été rompus à temps ont laissé arriver l'ennemi ; les armées allemandes couvrent les hauteurs ; dans deux heures on sera complétement cerné. Wimpffen retire à Ducrot son commandement ; et, à ce moment, soit courtisanerie, soit aveuglement d'illusion, il dit à l'empereur : « Les choses vont bien, aussi bien que possible... Que Votre Majesté ne s'inquiète pas, dans deux heures je les aurai jetés dans la Meuse. » L'empereur ne répondit rien. Les généraux Pajol et Castelnau, ses aides de camp, furent consternés de la présomption de M. de Wimpffen. Le général Castelnau, entendant le propos du général de Wimpffen, prit la main du général Pajol, et lui dit : « Plaise à Dieu que ce ne soit pas nous qui soyons jetés dans la Meuse ! » Le souverain qui, le matin, avait eu confiance dans Ducrot, revenait à Wimpffen, remettant le commandement suprême à l'homme qui caressait jusqu'à la dernière heure ses illusions imbéciles. Le général de Wimpffen allait achever le désastre que tant d'imprévoyance, tant de misérables faiblesses, rendaient déjà à cette heure inévitable !

III.

Si le général de Wimpffen, entre dix et onze heures du matin, le 1ᵉʳ septembre, reprit au général Ducrot le commandement en chef, qu'il avait laissé depuis quatre heures entre ses mains, c'est, il faut le dire, qu'il eut un moment l'illusion d'une victoire, c'est qu'il n'accepta pas résolûment le seul moyen de salut encore possible : la retraite. Au moment où il vit, sur l'ordre de Ducrot, les premiers mouvements s'opérer pour la retraite et l'abandon de positions conservées depuis le matin, il retira à Du-

2.

crot l'autorité suprême, et, donnant contre-ordre, fit, au risque de troubler les troupes, reprendre les positions évacuées !

Le général de Wimpffen ne peut nier qu'il ait eu, le matin du 1er septembre, l'idée d'une victoire. A huit heures et demie, il écrivait à Ducrot : « L'en- » nemi faiblit sur notre droite, je ne pense pas que » dans cette condition il y ait lieu de songer à bat- » tre en retraite... Usez de toute votre énergie et » de tout votre savoir pour remporter la *victoire* » sur l'ennemi dans des conditions désavantageu- » ses. » Il espérait, il l'a dit, « pouvoir écraser la » gauche de l'ennemi formée des deux corps bava- » rois, puis, les ayant battus et jetés à la Meuse, » revenir avec les 12e et 1er corps vers les 5e et 7e » pour combattre avec toute l'armée l'aile droite des » Allemands. » Cette illusion d'une double bataille à livrer victorieusement avec les 1er et 12e corps contre l'armée de Prusse, de Saxe et les Bavarois, avec tous les quatre corps contre l'armée du prince royal, avait tenu le général de Wimpffen toute la matinée ; elle lui inspirait, vers dix heures et demie, cette promesse faite à l'empereur : « Dans deux heures, j'aurai jeté les Bavarois à la Meuse, puis, avec toutes les troupes, nous ferons face au prince royal. » Elle l'empêcha de laisser le général Ducrot tenter la retraite sur Mézières et de le soutenir dans l'effort commencé pour ce dessein. Quelques heures plus tard, l'illusion de la victoire s'étant évanouie, le général de Wimpffen reviendra, lui aussi, à l'idée de la retraite; il tentera de l'exécuter par Carignan, mais alors il sera bien tard, l'empereur refusera de s'associer au mouvement, et il n'y aura plus lieu qu'à une désastreuse capitulation !

Les régiments de l'infanterie de marine du douzième corps, qui défendaient Bazeilles, et faisaient tête aux Bavarois, étaient admirables. La vue de leur énergie et de leur intrépidité explique l'illusion du général de Wimpffen.

Avant la guerre, on connaissait peu, en France, l'infanterie de marine. Les quatre régiments ont leur dépôt : le premier à Cherbourg, le deuxième à Brest, le troisième à Rochefort, le quatrième à Toulon. Ils n'en sortent guère ; c'est là que se forment les compagnies ; c'est de là qu'elles partent pour le Sénégal, les Antilles, la Cochinchine et la Nouvelle-Calédonie, où chaque détachement reste trois ou quatre ans. « L'infanterie de marine est, pour ainsi dire, perpétuellement sur le pied de guerre et presque toujours en campagne : d'abord contre les populations plus ou moins sauvages qu'elle est chargée de contenir, puis contre la nature, dont elle doit subir les extrêmes les plus redoutables. C'est un corps où l'on avance vite, car l'on y meurt plus vite encore. Cet avancement rapide, cette existence coloniale qui entraîne une sorte de discipline spéciale, ont fait que pendant assez longtemps le reste de l'armée n'a pas vu l'infanterie de marine de très-bon œil. On ne peut assister sans être ému au départ de quelques compagnies pour un de ces pays qui sont aux antipodes de la France. Le reste du régiment, musique en tête, accompagne ceux qui partent jusqu'à la porte de l'Arsenal. On est en pleine France, avec tout ce que ce mot représente pour chacun d'habitudes et de joie : la porte de l'Arsenal se ferme, c'est fini. A bord d'un navire pendant plus ou moins de temps, puis la lutte contre la fièvre, le climat, la nostalgie. Il faut avoir le cœur solide pour résister. On compte beaucoup d'engagés volontaires dans l'infanterie de marine ; on y gagne vite l'épaulette quand on ne meurt pas ; puis, l'épaulette gagnée, l'on demande à permuter. Ces dernières années, un certain nombre d'élèves de Saint-Cyr sont entrés dans l'infanterie de marine, afin d'arriver plus vite aux grades supérieurs. » De ce nombre était, par exemple, Gouvy, du 3°, capitaine à vingt-cinq ans, officier de grand mérite. Après avoir bravé la mort toute la journée, il fut, le soir, à cinq heures, blessé à Balan, souffrit vingt-quatre jours, et mourut le 25 septembre. Lorsque la guerre fut déclarée, en juillet de 1870, il fut immédiatement question d'envoyer un corps expéditionnaire dans la Baltique, et une des divisions de ce corps fut donnée au général de Vassoignes, de l'infanterie de marine, lequel devait réunir sous ses ordres les quatre régiments de l'armé. On sait la tournure que prirent les événements. Après la défaite de Wœrth il fallut que l'empire songeât, non-seulement à reformer une armée contre les Prussiens, mais à se défendre contre l'animosité croissante des Parisiens. On fit venir l'infanterie de marine à Paris. Elle obéit aux ordres qu'elle reçut pendant ce séjour, mais sans aucun enthousiasme. De Paris,, l'infanterie de marine fut expédiée à Châlons; elle devait y former la troisième division du douzième corps. C'est dans ce corps que l'on comptait incorporer les 18,000 mobiles de Paris. « L'exemple des soldats de marine leur eût été bon. » (1)

Le 21 août, les mobiles revinrent à Paris, et la division de l'infanterie de marine fut dirigée vers Sedan. Elle était sous les ordres du général de Vassoignes. La première brigade comprenait deux régiments, le premier avec le colonel Brière de l'Isle, le quatrième avec le colonel d'Arbaud. Cette première brigade était confiée au général Reboul. La seconde brigade comprenait le 2ᵉ et le 3ᵉ régiments. Le 2ᵉ régiment avait pour chef le colonel Alleyron; le 3ᵉ, le colonel Le Camus; la brigade était confiée au général des Pallières. Les officiers et les soldats de cette division avaient un caractère, un aspect particuliers : tous les officiers, depuis le général jusqu'au sous-lieutenant, portaient la longue capote grise avec des ancres d'or au collet; les hommes, la figure fortement hâlée, le regard doux et ardent, généralement peu élevés de taille, trapus, mais alertes et solides. On avait, durant la marche de Châlons à Sedan, trouvé la division défectueuse : ces hommes de la mer, peu faits aux longues marches,

---

(1) V. Charles Habenech, *les Régiments martyrs*, chez Pagnerre.

n'avançaient pas vite, se fatiguaient. A Bazeilles, ils montrèrent tout à coup ce qu'il y avait en eux d'intrépidité, d'énergie, d'héroïsme. Ils occupaient un village; ils avaient l'ordre de le défendre : ils se firent tuer plutôt que de l'abandonner.

Non-seulement les Bavarois passant en masse le pont du chemin de fer soutenaient contre Bazeilles un feu ininterrompu de mousqueterie et d'artillerie, mais le 12e corps prussien, venant de Douzy par la grande route de Carignan à Sedan, joignait son effort à celui des Bavarois. Les marins tenaient bon contre cette marée de fer et de feu, moins connue de leur courage que les tempêtes de l'Océan. Couverts par les maisons de Bazeilles, manœuvrant les batteries de mitrailleuses à l'abri d'épaulements élevés à la hâte sur les pentes des collines qui dominent le village, ils repoussaient avec une obstination héroïque, malgré la mort qui les décimait, les ennemis qui sans relâche tentaient d'aborder la position si opiniâtrément défendue. Leur résistance eût-elle fini par lasser l'ennemi, qui épuisait ses ressources devant Bazeilles et voyait couvert de morts et de blessés le champ d'attaque? Une surprise nouvelle de la mauvaise fortune vint tout à coup, vers midi, écraser les défenseurs de Bazeilles.

De hautes collines s'élèvent entre Remilly et Frénois, sur la rive gauche de la Meuse. Dès le 31 au soir, les Bavarois les avaient occupées. Pouvait-on croire que ces positions leur serviraient ? On comp·

tait sans la portée de leur artillerie, supérieure à la
nôtre. Voyant qu'ils ne pouvaient forcer Bazeilles
avec l'artillerie qu'ils avaient fait passer sur la
rive droite, les Bavarois établirent en hâte une bat-
terie sur la rive gauche, au haut de la colline, et
de là, tirant à 3,000 mètres sans danger d'être con-
trebattue, l'artillerie prussienne couvrit d'obus et
de bombes les malheureuses maisons de Bazeilles.
Nos marins, au moment où ils présentaient le front
aux Bavarois et aux Prussiens arrivant par la rive
droite, se virent écrasés par des feux d'artillerie
bien dirigés et qui les prenaient de flanc.

Les Bavarois, remarquant le mal que causait leur
artillerie, au risque de s'exposer eux-mêmes à ses
coups, se précipitèrent dans le village. Pendant
deux heures, ce fut un théâtre de lutte san-
glante, acharnée, terrible. Le 15e régiment bavarois et le 1er régiment des marins français furent
aux prises et montrèrent de part et d'autre une ad-
mirable intrépidité. Les obus pleuvaient, les maisons s'écroulaient, les flammes et la fumée des nombreux incendies cachaient les uns aux autres les
combattants. On se battait par groupes. Chaque
maison soutenait un véritable siége. La résistance
durait tant qu'il y avait des munitions. Quand les
munitions manquaient, les soldats assaillis, cernés,
sentant bien qu'il était inutile de se rendre et de
demander quartier, s'élançaient à la baïonnette.
C'était alors un carnage hideux. Les officiers bavarois
ne pouvaient empêcher leurs hommes de massacrer

les nôtres. A chaque instant, le nombre des soldats de l'infanterie de marine diminuait, celui des Bavarois et des Prussiens augmentait. Enfin, il fallut céder. La scène fut épouvantable. Irrités au plus haut point par la résistance qu'ils avaient rencontrée, par les pertes qu'ils avaient subies, passant pour pénétrer dans Bazeilles au milieu des leurs, gisant morts, mourants, affreusement blessés aux approches du village, les Bavarois oublièrent tous les sentiments de l'humanité. Sous prétexte que les habitants du village s'étaient joints aux soldats, ce qui d'ailleurs était vrai, ils massacrèrent sans pitié dans Bazeilles tout être vivant qui se présentait. Femmes, vieillards, enfants, tous ceux qui sortaient des caves ou étaient surpris fuyant quelque part étaient fusillés, massacrés, percés de coups de baïonnette. Dans un ouvrage fort sérieux, rédigé par un officier d'état-major présent au combat, on voit que des enfants en bas âge trouvés errants après le combat eurent la tête broyée contre des pans de muraille, une jeune fille fut violée et ensuite massacrée, tandis que les hommes et les femmes qui avaient échappé à la première fureur étaient, quel que fût leur âge et malgré leurs cris et leurs prières, conduits un peu en arrière du village et froidement fusillés.

Le général de Wimpffen, quand Bazeilles fut pris, perdit sans doute l'illusion qu'il avait eue d'abord. Il reconnut qu'il était impossible de « jeter en deux heures les Bavarois à la Meuse. » Il eut alors le sen-

liment très-net, très-précis de ce que commandait
l'honneur, et de ce qu'il fallait faire pour le sauver.
La victoire ? il n'y fallait plus songer. Une retraite
régulière et en bon ordre ? il n'était plus possible de
la tenter. Mais ne pouvait-on pas encore forcer le
passage par la route de Sedan à Carignan en bous-
culant les Bavarois et les Prussiens sur la route de
Douzy ? Pour que cette tentative réussît, il fallait
que l'effort de l'armée tout entière fût porté vers
le même point et dans le même dessein. Le général
de Wimpffen, retrouvant enfin à cette heure suprême une décision qui lui avait fait défaut jusque-
là, adressa aux généraux Douay et Ducrot, qui
commandaient le premier le septième corps, et le
second le premier corps, l'ordre de soutenir et de
couvrir le mouvement sur Carignan. Il adressa au
général de Lespart, qui avait pris le commandement
du cinquième corps, l'ordre d'exécuter ce mouvement, et, à la tête du douzième corps, le général
de Wimpffen lui-même se disposa à prendre subi-
tement une offensive hardie. Il était nécessaire que,
pour cet effort suprême, les troupes reçussent tous
les encouragements de nature à animer leur vaillance. Le général de Wimpffen, commandant en
chef, écrivit à l'empereur, qui s'était retiré à Sedan,
un billet d'une fermeté et d'une précision re-
marquables. « Sire, je me décide à forcer la ligne
qui se trouve devant le général Lebrun et le général Ducrot, plutôt que d'être prisonnier dans la
place de Sedan. Que Votre Majesté vienne se mettre

au milieu de ses troupes, elles tiendront à honneur de lui ouvrir un passage. Une heure un quart, 1er septembre. De Wimpffen. »

L'empereur n'était plus depuis deux heures déjà sur le théâtre de l'action. A six heures et demie du matin, il était venu entre Balan et Bazeilles, en arrière de ce village, sur un point où il était à l'abri des balles, mais où il se trouvait exposé aux obus. Il était resté là, calme, faisant assez bonne contenance, laissant voir cependant les anxiétés dont il était dévoré. A onze heures, il avait quitté et était rentré dans Sedan.

Le général lui envoya deux capitaines d'état-major, MM. de Saint-Haoüen et Delanouvelle, porter le billet qui lui demandait de venir rejoindre l'armée. Ils devaient le ramener, et diriger son escorte. L'empereur reçut le billet, en prit connaissance, et refusa de faire ce que demandait le commandant en chef. Quelques minutes après, il allait donner l'ordre d'arborer le drapeau blanc et de faire cesser le feu ! On nous demande où l'empereur, le 1er septembre, a manqué à l'honneur. Le voilà. Si, comme il le disait la veille aux troupes, comme il le répétera le lendemain au roi Guillaume, il n'était qu'un « simple soldat » et n'exerçait pas le commandement suprême, il devait obéir au général en chef, et quand celui-ci donnait un ordre, s'y conformer. Il ne faut pas reprocher à Napoléon III de ne point s'être donné la mort à Sedan. Le suicide n'est point la forme la plus honteuse de la lâcheté, c'est la plus criminelle. On oublie trop ce principe de conscience. Mais s'il n'est point permis de se donner la mort, il y a des cas où l'honneur veut qu'on la brave. C'était pour Napoléon III le cas à Sedan.

Ses flatteurs prétendent qu'il fut « toute la journée au milieu de la mêlée, » et lui-même s'est vanté à l'empereur Guillaume d'avoir voulu mourir au milieu de ses troupes. Ce sont là des manières de raconter les faits qui ne tromperont pas l'histoire. Napoléon ne s'est pas rendu au feu quand le général en chef l'y appelait. Qu'on ne cherche pas ailleurs, la honte est là. Qui peut affirmer d'ailleurs qu'où était l'honneur n'était pas aussi le salut? Le général de Wimpffen a toujours affirmé, et il affirme encore, que « l'effort de 15,000 à 20,000 hommes sur la ligne qu'il faisait attaquer pouvait être couronné d'un succès. » Des hommes compétents en ces matières pensent que si l'armée tout entière eût été dans la main de son chef, l'entreprise dont le général de Wimpffen eut alors le dessein, pouvait réussir. Un officier d'état-major qui a écrit l'histoire de la campagne de 1870, et dont le récit, publié par le *Spectateur militaire*, n'a point, à l'égard de l'empereur, le caractère d'un dénigrement systématique, s'exprime ainsi : « Dans cette situation désespérée, on s'attendait à voir Napoléon III tirer tout d'un coup de son fourreau son épée engourdie, parcourir d'un temps de galop le front de ses légions, s'inspirer d'un de ces éclairs qui jadis, en 1815, illuminèrent Napoléon Ier, et, oubliant tout, pouvoir, couronne, grandeur et dynastie, retrouvant l'héroïque énergie de son aïeul, entraîner ses soldats dans un élan sublime à la victoire ou à la mort. A la vue de ce fantôme animé, bravant les obus et les balles pour ne se souvenir que de sa patrie et de son honneur, quel est celui qui n'eût pas senti se réveiller son énergie perdue et retrouvé dans son âme la rage du dernier désespoir? Songe-t-on au trépas, quand on entend le chef s'écrier : « Soldats, il faut mourir, et je meurs » avec vous! »

Un peu plus de simplicité ajouterait à la portée de ces considérations, mais elles sont justes dans le fond. Sans « tirer son épée, » sans « parcourir au galop le front des troupes, » toutes démonstrations qui sentent quelque peu la parade et qui n'étaient point de mise pour Napoléon III sur le champ de bataille de Sedan, si le souverain eût répondu simplement, mais avec promptitude et résolution, à l'appel du commandant en chef, il est probable que les troupes fatiguées, mais encore solides à cette heure, eussent retrouvé leur élan, et la trouée sur Carignan eût été possible, ouvrant le passage à la retraite non-seulement honorable, mais glorieuse, d'une partie de l'armée. L'honneur commandait cette tentative : Napoléon resta à Sedan.

On a assuré, — et le général de Wimpffen luimême le constate, — que l'empereur avait quitté le champ de bataille avec son entourage « pour déjeuner. » Quelle que soit la raison qui ait, vers les onze heures, ramené Napoléon III dans la ville, on peut dire que par cette retraite il se condamnait aux fautes qu'il allait commettre. Sans rester au « milieu de la mêlée, » comme les flatteurs sans vergogne prétendent qu'il le fît, si seulement Napoléon III se fût tenu à proximité du commandant en chef, dans les positions du Vieux-Camp, il aurait pu répondre sans aucune difficulté à l'appel du général de Wimpffen.

Les apologistes de Napoléon III savent parfaitement que la honte de la journée de Sedan est là pour leur maître. Il est bien téméraire d'espérer qu'on trompera l'histoire ; mais si, dans le présent, on pouvait tromper l'opinion publique! Le profit vaut bien qu'on le tente. Les plus effrontés, ceux qui écrivent pour les journaux bonapartistes et espèrent avoir facilement raison de lecteurs peu éclairés, passent complétement sous silence la proposition faite à l'empereur par le général de Wimpffen et le refus de Napoléon III, puis ils mettent avec audace « tout spectateur de la bataille au défi de prétendre que l'empereur n'ait pas été toute la journée *au milieu de la mêlée.* » Ils impriment en gros caractère cette misérable invention, et ils comptent que l'opinion d'un public mal instruit prendra le change. Les officiers qui, attachés à l'empereur, dévoués à sa cause, voudraient voiler la défaillance dont ils ont été témoins sans manquer cependant à la triste vérité, sont plus circonspects. La proposition du général de Wimpffen tendait-elle vraiment, demandent-ils, à associer l'empereur à une grande tentative, à une opération militaire hardie engagée dans l'intérêt de l'armée? N'était-elle point plutôt faite dans l'intérêt personnel du souverain, et n'avait-elle pas pour objet direct de faciliter son évasion, au prix d'un effort meurtrier? Dans ce cas, l'humanité de Napoléon ne lui commandait-elle pas d'épargner le sang et d'accepter la captivité, la honte plutôt que de sacrifier des milliers d'hommes? Ce thème aurait peut-être réussi, sans une circonstance singulière. Le texte même du billet que le général de Wimpffen, le 1er septembre, à une heure et quart, fit porter à l'empereur par les officiers d'état-major Saint-Haoüen et Delanouvelle, a été retrouvé, et les termes de ce billet excluent d'une manière formelle toute explication favorable à l'empereur.

Napoléon III, dans la brochure qu'il a publiée sur Sedan, ignorant que la fortune remettrait au général de Wimpffen le texte même du billet, se garde bien d'en parler, d'en citer les termes. « Vers trois heures et demie, dit-il, le général de Wimpffen envoya un officier proposer à l'empereur de se placer au milieu d'une colonne qui essayerait de se faire jour à travers l'ennemi vers Carignan. L'empereur, qui avait reconnu l'impossibilité de sortir à cheval de la ville, fit répondre qu'il ne pouvait aller rejoindre le général ; que, d'ailleurs, il n'entendait pas, pour sauver sa personne, sacrifier la vie d'un grand nombre de ses soldats, et qu'il était décidé à partager le sort de l'armée. » L'aveu est, comme on voit, fort enveloppé d'atténuations, d'explications et d'excuses. Le souverain prétend qu'il n'a reçu que « vers trois heures et demie la proposition du général. » Il l'eût reçue deux heures plus tôt s'il ne fût pas rentré dans Sedan et s'il fût demeuré sur le champ de bataille. N'est-ce bien d'ailleurs que « vers trois heures et demie » que Napoléon III a reçu le billet du général de Wimpffen, écrit à une heure un quart et expédié à la hâte par deux officiers ? Le souverain allègue « l'impossibilité de sortir à cheval de la ville. » A la rigueur, n'aurait-il pu en sortir à pied ? Il aurait trouvé un cheval en dehors des murs. Le premier Bonaparte était à pied, quand il s'élançait sur le pont d'Arcole. Mais est-ce que vraiment on ne pouvait sortir de Sedan à deux heures, à trois heures, à trois heures et demie ? A cinq heures, alors que tout était perdu et que réellement la tentative sur Carignan devenait impossible, quand, depuis deux heures, les fuyards étaient à chaque moment devenus plus nombreux et le désordre plus grand, est-ce que le général de Wimpffen et le général Lebrun ne parvinrent pas à écarter tous les obstacles, à sortir de la ville, et, à la tête d'une poignée de braves, à reprendre à l'ennemi, qui les occupait déjà, le faubourg de la ville et le village de Balan ? Puisque deux généraux purent, à cinq heures, tenter cet audacieux effort, Napoléon III, deux heures, trois heures plus tôt, n'aurait assurément pas rencontré d'aussi grands obstacles, si, cédant aux conseils d'une défaillance sans exemple chez un prince français, il n'avait refusé de suivre au feu le commandant en chef et ses soldats !

Le soir du 1ᵉʳ septembre et après la capitulation, le général de Wimpffen ne pouvait se dégager des embrassements de Napoléon III ; le souverain écrivait au commandant en chef : « Vous avez fait votre devoir toute la journée. » On tentait déjà de fermer par des caresses une bouche dont tant d'accusations pouvaient sortir. Peu à peu, quand on vit que le général de Wimpffen racontait les choses comme elles s'étaient passées, on commença à l'attaquer. C'est un témoin dont il faut à tout prix aujourd'hui discréditer le témoignage accablant. Le général Ducrot a, au contraire, quelque raison de n'être pas content du général de Wimpffen. C'est lui qu'il faut flatter, exciter. On aggravera les dissidences entre ces deux officiers. Quand le conflit sera bien engagé entre le général Ducrot et le général de Wimpffen, l'opinion n'oubliera-t-elle pas Napoléon III ?

Il ne faut pas qu'elle l'oublie. C'est Napoléon III le grand coupable. Sans lui, l'armée de Châlons ne serait pas venue s'engouffrer dans la vallée de la Meuse ; sans lui, le 31 août au soir, un conseil de guerre aurait été tenu ; sans lui, le général de Wimpffen eût pris, le matin du 1ᵉʳ septembre, au début de la journée, le commandement en chef, ou, s'il l'eût laissé au général Ducrot, il ne le lui aurait pas repris plus tard ; sans lui, Ducrot eût peut-être été plus audacieux pour tenter la retraite sur Mézières. Si Napoléon III eût répondu à l'appel du général de Wimpffen, la retraite aurait pu, sans doute, être opérée sur Carignan ; l'honneur de l'armée eût été sauf, et une partie tout au moins des corps eût évité la capitulation. Enfin, c'est Napoléon III qui, à quatre heures, quand tout espoir, toute chance n'étaient pas perdus, quand l'honneur imposait encore de grands devoirs, au souverain comme aux soldats, ordonna, contrairement à l'avis du commandant en chef, de suspendre le feu et d'arborer le drapeau blanc !

Le souverain déchu a voulu rendre le général Ducrot solidaire de cette défection. Le général de Wimpffen a accusé, d'autre part, le général Ducrot de n'avoir pas exécuté l'ordre que comportait la tentative vers Carignan. Si la conduite du général Ducrot, dans la première partie de la journée, prête à certaines critiques, elle est, dans la seconde, non-seulement irréprochable, mais digne de la plus grande admiration. Si Ducrot n'a pas répondu à l'appel du général de Wimpffen, ce n'était pas qu'il fût à Sedan, dans cet entourage du souverain où l'on délibérait, c'est qu'il livrait au nord de Sedan, contre le prince royal, une bataille dont le souvenir doit être conservé comme l'un des rares épisodes glorieux de cette lamentable journée. L'honneur du général de Wimpffen est d'avoir, à une heure, voulu résolûment tenter la trouée vers Carignan. L'honneur du général Ducrot est d'avoir soutenu pendant quatre heures, de dix heures du matin à deux heures, entre Floing et la Garenne, le choc le plus épouvantable avec une intrépidité héroïque, et laissé ainsi à l'armée française le temps qui lui eût été nécessaire pour opérer sa retraite.

IV.

Le général de Wimpffen et ses amis affirment que l'effort tenté vers Carignan aurait délivré l'armée, si, d'une part, l'empereur n'avait pas répondu par une honteuse défaillance et un refus à l'appel du commandant en chef; si, d'autre part, les généraux Douay et Ducrot avaient promptement et résolûment obéi aux ordres qu'ils recevaient. La responsabilité du désastre et de la honte se trouverait ainsi rejetée tout entière par le général de Wimpffen sur l'empereur, sur les généraux commandant les premier et septième corps, plus particulièrement sur le général Ducrot.

En ce qui concerne Napoléon III, les accusations du commandant en chef sont, suivant nous, justifiées de la manière la plus péremptoire par l'examen des faits. Les apologistes du souverain déchu feignent de les ignorer, ce qui est plus aisé que d'y répondre.

Les reproches adressés au général Ducrot par le

général de Wimpffen, en ce qui concerne la seconde partie de la journée du 1er septembre, sont au contraire, suivant nous, victorieusement réfutés par le commandant du premier corps. Le matin, alors que le commandement suprême était entre ses mains, le général Ducrot a pu manquer de décision, d'autorité ; mais, dans le milieu de la journée et jusqu'à la fin, il a opposé à l'effort de l'armée du prince royal une résistance héroïque. Chez le général Ducrot, le stratégiste, le tacticien peuvent être quelquefois pris en défaut : le soldat, jamais.

Depuis un demi-siècle, on raconte comme une des surprises les plus dramatiques de la fortune l'arrivée du général Blücher sur le champ de bataille de Waterloo le 18 juin 1815, à trois heures. On peut aujourd'hui comparer à l'arrivée de Blücher le moment où, dans la journée du 2 septembre 1870, le prince royal Frédéric-Guillaume apparut sur les hauteurs de Floing, à la tête de la troisième armée prussienne.

La lutte durait terrible depuis le matin à l'est de Sedan. Les Bavarois, les quatrième et douzième corps prussiens, sous les ordres du prince de Saxe, frappaient nos lignes des feux de leur artillerie et des vives attaques de leur infanterie. Le rideau qui fermait à l'armée française la route de Carignan devenait d'heure en heure plus épais. A l'ouest, au nord, du moins, les voies paraissaient libres, la route de Mézières demeurait comme une dernière ressource pour la retraite. Ce fut vers onze heures

que le cercle déjà fermé à l'est se ferma brusque-
ment à l'ouest et au midi, et qu'on put prévoir le
moment où l'armée française tout entière, prise
comme l'oiseau dans un filet, serait livrée aux serres
de l'aigle prussienne.

Les premiers coups de canon qui retentirent à
l'ouest firent naître, paraît-il, des sentiments con-
fus. A Waterloo, on prit d'abord l'avant-garde de
Blücher pour celle de Grouchy. A Sedan, on espérait que Vinoy allait venir avec le treizième corps
français là par où vint le prince royal de Prusse
avec le cinquième, le onzième corps prussiens et la
quatrième division de cavalerie.

Des collines élevées ferment au couchant et au
sud l'horizon de Sedan. Ces collines sont comme des
contre-forts de la chaîne des Ardennes. Cette chaîne
sépare sur ce point la France de la Belgique ; elle
court parallèlement à la Meuse, chargée de belles
forêts ; de petits cours d'eaux descendent de ces forêts et vont se jeter à la Meuse, formant une suite
de vallées, le « fond » de Givonne, le « fond »
de Floing. Entre ces vallées s'élèvent de petites
hauteurs dont le faîte s'étale en plateau, un peu in-
cliné du nord vers le sud.

L'armée française était dispersée sur le plateau
triangulaire qui, borné à l'est par le « fond » de
Givonne, à l'ouest par le « fond » de Floing, est
couvert en partie par le bois de la Garenne et do-
miné en entier par un point élevé, le calvaire d'Illy.
Ce plateau, dont la surface ne mesure pas plus de

quatre ou cinq kilomètres carrés, a été dans la journée du 1er septembre arrosé de plus de sang français qu'aucun coin de terre dans notre vieille Europe. Le douzième corps, avec Lebrun, était en bas, vers l'angle le plus oriental du triangle, à Bazeilles. Le septième corps, avec Douay, était au contraire disposé sur le côté du triangle qui regarde Mézières, le long des crêtes qui dominent le fond de Floing. Le premier corps, placé sous les ordres de Ducrot, reliait le douzième corps au septième; il occupait les clairières du bois de la Garenne. C'est dans ces positions que le septième et le douzième corps reçurent le choc du cinquième corps prussien et du onzième.

Le prince royal de Prusse, ce Frédéric-Guillaume, qui, à Wissembourg et à Reichshoffen, avait déjà été si heureux contre Mac-Mahon, avait reçu le 31 au soir l'ordre de se porter avec la troisième armée par l'ouest de Sedan vers le sud de la place, pendant que le prince de Saxe se porterait par l'est avec son armée et la garde dans la même direction. Le calvaire d'Illy était désigné par les prévisions de l'état-major allemand comme l'endroit précis où devraient se nouer les deux demi-cercles de l'anneau de fer qui devait nous enserrer. Le prince royal n'avait pas exécuté moins exactement que le prince de Saxe les instructions données par le vieux de Moltke lui-même, et du succès desquelles dépendait la victoire : il s'était avancé de la rive gauche sur la rive droite, et il avait franchi la Meuse à

Donchery. Le génie français n'avait pas fait sauter les ponts en aval de Sedan non plus qu'en amont. De Donchery, soit dans la nuit, soit dans les premières heures de la journée, le prince royal s'était avancé par Vigne-aux-Bois sur Saint-Menges. A onze heures il atteignait le versant occidental du vallon de Floing, dont le septième corps français occupait le versant oriental.

L'artillerie du onzième corps prussien établit ses batteries des deux côtés d'un vaste jardin clos de murs qui s'étend sur la colline au nord de Floing. L'artillerie du cinquième prussien établit les siennes un peu plus au nord, vers Fleigneux, petit village à moitié caché sous bois, dans la direction d'Illy. Cinquante pièces de canon furent tout d'abord mises en ligne. La composition et le service de ces batteries étaient excellents. A onze heures, le feu s'ouvrit avec une violence qui ne devait pas s'interrompre jusqu'à l'issue de la lutte. A la même heure, partirent de la rive gauche de la Meuse, des collines de Frénois et de Vadelincourt des volées qui, à la grande surprise de nos officiers, atteignirent nos lignes. Connaissant la longue portée des pièces dont il pouvait disposer, le général de Moltke avait fait placer sur les hauteurs de la rive gauche, par delà Sedan, des batteries qui devaient faire converger leurs feux avec les batteries des onzième et cinquième corps. Le roi s'était placé, pour assister à la bataille, sur ce point, et c'est d'à côté de son état-major que partaient les obus qui venaient éclater sur le versant du plateau occupé en face de Floing par le septième corps français. L'effet de ce tir convergent fut terrible sur les soldats de ce corps.

Le général Douay, commandant le septième corps, avait placé à sa gauche la deuxième division, avec le général Liébert ; à sa droite, vers Illy, la troisième division, avec le général Dumont. Au centre, il avait établi la première division, avec le général Conseil-Duménil. Aucune de ces divisions n'était solide. La première, notamment, celle du général Conseil-Duménil, avait été terriblement éprouvée à Reichshoffen, n'avait reçu qu'une réorganisation incomplète, et le 30, l'avant-veille, à Beaumont, elle avait subi des pertes bien propres, hélas ! à la décourager. En vain le général Douay avait pris, durant la nuit et aux premières heures de la matinée, toutes les dispositions pour assurer la résistance de ses troupes : des épaulements avaient été établis, des tranchées-abris avaient été creusées. L'artillerie du septième corps, grâce à ces précautions, supporta bravement le premier feu de l'artillerie ennemie et y répondit avec énergie. Les premières batteries, mises en position un peu trop à la hâte et à découvert, furent balayées, et, suivant l'expression du capitaine d'artillerie Achard, « pulvérisées en quelques minutes ; » mais elles furent remplacées, et cette fois la résistance fut terrible. L'artillerie de réserve du premier corps vint joindre bientôt ses efforts à ceux du septième corps, et pendant plusieurs heures les pièces furent servies avec une rapidité, un sang-froid, une vaillance admirables.

Il fallait à tout prix soutenir le septième corps. Jusqu'à une heure l'artillerie seule avait donné : voilà qu'à cette heure l'infanterie allemande, le onzième corps, les soldats de la Hesse et du Nassau, sous les ordres du général de Bose, et la dix-neuvième demi-brigade du cinquième corps, les grenadiers de Posen et de Silésie, inébranlables et irrésistibles, sous les ordres du vieux général major de Schmidt, s'avancent comme pour pénétrer par les brèches sanglantes que l'artillerie a ouvertes dans nos lignes. Pour arrêter le choc de ces masses, il faut essayer de les écraser par des charges répétées de cavalerie. Le général Ducrot a toute confiance dans le général Margueritte, son ami : celui-ci commandait la première division de cavalerie de réserve. Il se tenait avec ses hussards et ses chasseurs dans le haut du champ de bataille, vers le calvaire d'Illy. Le général Ducrot l'appelle à lui, il le conduit lui-même le long des batteries établies sur la crête, entre le bois de la Garenne et Floing, et lui montrant les masses prussiennes qui se développent impassibles sous le feu de nos batteries :
« Vous allez, lui dit-il, charger par échelons sur
» notre gauche ; après avoir balayé ce qui est devant
» nous, vous vous rabattrez à droite, et prendrez en
» flanc toute la ligne ennemie. » Le général Margueritte écoute les instructions du général Ducrot ;

il se porte en avant avec son état-major pour reconnaître le terrain. Il tombe frappé mortellement. Plusieurs de ses officiers sont atteints. Le général de Galiffet est le plus ancien des généraux de brigade; il prend le commandement de la division de réserve. A ce moment, la division de cavalerie du douzième corps, sous les ordres du général Salignac Fénelon, arrive en ligne. Ducrot ordonne qu'elle joigne son effort à celui de la cavalerie de réserve. Cette masse d'hommes et de chevaux frappant sur les régiments ennemis va certainement les rompre. On part; les généraux, les officiers sont en tête; les régiments s'élancent au galop, de toute la vitesse des chevaux. La ligne ennemie se couvre de feux; les batteries prussiennes vomissent des flots de mitraille sur les escadrons qui accourent.

La première ligne ennemie est sabrée et dispersée. On aborde la seconde ligne. Elle résiste. Les bataillons prussiens, déployés au centre, formés en carré, sur les ailes, dirigent, sans s'émouvoir, sur nos hussards et nos chasseurs, des feux bien nourris. Repoussés, les escadrons retournent en arrière, se reforment et se précipitent de nouveau; leur effort, si énergique qu'il soit, se brise; les deux divisions se replient, décimées, épuisées. Le général Ducrot a appelé la seconde et la troisième division d'infanterie du premier corps. La seconde seule arrive. Le général Pellé la commande. Le général Ducrot veut tenter une nouvelle charge, et, pendant que la cavalerie se précipitera, entraîner derrière elle les chasseurs à pied. Le commandant Faverot de Kerbreck porte au général de Galiffet l'ordre de charger une seconde fois. Le général de Galiffet est calme et plein de sang-froid ; il répond qu'il ne peut agir à l'endroit où il se trouve ; en arrivant à une demi-portée des Prussiens, il sera arrêté par un obstacle infranchissable. Le commandant Faverot reconnaît lui-même la justesse des observations du général de Galiffet. Il retourne ventre à terre informer le général Ducrot. Celui-ci vient, étudie le terrain et ordonne que le mouvement se fasse davantage sur la droite. La cavalerie s'élance ; le général Ducrot tire son épée, et, avec tout son état-major, il se place en tête de la division d'infanterie : « En avant, en avant, mes enfants, à la baïonnette ! ». Les soldats, épuisés, effrayés par les coups qui les frappent de tous côtés, restent sourds à la voix du général. Pendant qu'ils hésitent et qu'un petit nombre d'entre eux seulement consentent à marcher, les escadrons héroïques que commande le général de Galiffet s'élancent dans une charge furieuse. Le roi Guillaume, des hauteurs de Frénois, suivait avec une lunette d'approche tous les détails de ce suprême effort. Tout ému de l'intrépidité de notre cavalerie, il ne put s'empêcher d'applaudir et de s'écrier : « Oh ! les braves gens ! » Ce témoignage, qu'arrachait à notre ennemi l'héroïsme de nos soldats, c'est le prince royal lui-même qui, quelques jours après la bataille, l'a rapporté au général Ducrot.

Ces charges terribles nous coûtèrent les meilleurs officiers de cavalerie de notre armée : Margueritte, tué le premier, le général Tillard, le colonel Cliquot, du 1er régiment de chasseurs d'Afrique, les lieutenants-colonels de Gaulès, du 1er régiment de hussards, de Linières, du 3e régiment de chasseurs. Le 1er régiment de hussards comptait à lui seul 8 officiers tués, 14 blessés. Le colonel de Bauffremont et le général de Galiffet n'avaient échappé que par miracle à la mort ; le premier avait eu deux chevaux tués sous lui. La dernière charge à elle seule coûta 800 hommes et 80 officiers.

A partir de ce moment, la lutte était terminée à l'ouest de Sedan : les régiments rompus se repliaient sur la place ; les fuyards se pressaient vers les portes : tous les corps se débandaient. Le cercle de feu qui étreignait l'armée se resserrait de moment en moment. Le prince royal et le prince de Saxe s'étaient réunis au calvaire d'Illy. Ce fut à ce moment seulement que le général Ducrot fut avisé de l'entreprise que le général de Wimpffen avait résolu de tenter dans la direction de Carignan.

Quand le colonel Robert, chef d'état-major du général Ducrot au premier corps, avait été envoyé pour donner à la deuxième et à la troisième division l'ordre d'avancer en soutien du septième corps, il avait rencontré la deuxième division et lui avait transmis l'ordre dont il était chargé. Il cherchait vainement la troisième division. Réduite à une seule brigade, cette division, au moment où elle suivait la deuxième division pour rejoindre le septième corps, avait été prise en travers par une division de cavalerie fuyant en désordre, et s'était trouvée dispersée sans avoir combattu. Le colonel d'état-major Robert, courant après les débris du corps, rencontra un officier de l'état-major du général de Wimpffen, le capitaine comte d'Olonne: celui-ci, de son côté, cherchait le septième corps, et portait un ordre au général Douay. Le commandant en chef écrivait à ce général: « Je vois que l'ennemi l'emporte sur nous; je réunis les troupes que je trouve sous ma main pour tenter une trouée dans la direction de Carignan: appuyez ce mouvement si vous pouvez. » Le colonel Robert demanda au capitaine d'Olonne s'il avait un ordre semblable pour le général Ducrot. La réponse fut négative. Ce ne fut que plus tard, vers trois heures et demie, que le marquis de Laiser, autre officier d'ordonnance chargé par le général de Wimpffen d'aviser Ducrot du mouvement et de lui porter l'ordre de soutenir ce mouvement, rencontra le général. Celui-ci était seul, il n'avait plus même son escorte. « Je n'ai plus rien avec moi, dit-il à l'officier d'ordonnance; je vais entrer dans la place pour voir s'il n'est pas possible de réunir quelques troupes. »

Il entra dans Sedan et n'en ressortit point. Ici se place le reproche adressé par le général de Wimpffen au général Ducrot : Au lieu de rester à Sedan et de rejoindre l'empereur, le général Ducrot aurait dû, à ce moment, rallier tout au moins les débris du premier corps et soutenir dans la direction de Carignan le mouvement engagé, par le commandant en chef. Le général Ducrot déclare qu'il jugeait téméraire et désapprouvait l'entreprise du général de Wimpffen; mais malgré son manque absolu de confiance, il n'avait évidemment qu'à obéir. S'il « n'obéit pas aux ordres que lui remit le marquis de Laiser, c'est qu'il lui était, dit-il, tout à fait impossible de le faire. » Ce n'était pas la personne du général Ducrot que le général de Wimpffen demandait, c'était le premier corps ou au moins une partie. Or le premier corps n'existait plus ; divisions, brigades, régiments, troupes de toutes les armes, tout s'était effondré. Le général Ducrot était seul; il n'avait plus même son escorte.

A l'intérieur de Sedan comme aux approches de la place, le spectacle était indescriptible : les portes de la ville étaient encombrées de voitures, de chariots, de canons, de tous les « impedimenta » et débris d'une armée en déroute. Des bandes de soldats sans fusils, sans sacs accouraient à tout moment, se jetaient dans la place ; aux ponts-levis on s'écrasait ; des malheureux périrent piétinés. A travers la foule accouraient des cavaliers ventre à terre ; des caissons passaient au galop, se taillant un chemin au milieu de ces masses affolées. Les quelques hommes qui avaient conservé un reste d'énergie ne semblaient s'en servir que pour accuser et maudire : « Nous avons été trahis ! criaient-ils ; nous avons été vendus par les traîtres et par les lâches ! » Ce tableau, que le général Ducrot a tracé lui-même, mais dont les traits sont reconnus exacts par tous les témoins de cette horrible scène, justifie assurément ce général. On peut tout au plus regretter qu'il n'ait pas plus rigoureusement répondu aux intentions du général de Wimpffen, commandant en chef; qu'il ne se soit pas, au moins de sa personne, porté à la rencontre de son chef, ne lui ait pas exposé l'impossibilité où il était de lui obéir, et ne l'ait pas soutenu dans la tentative qu'il engageait alors avec le douzième corps vers Carignan. C'est l'empereur qui apparaît ici encore comme le mauvais génie. Le commandement en chef flotta toute la journée du 1ᵉʳ septembre entre l'empereur et les généraux de Wimpffen et Ducrot. Quand le septième et le premier corps eurent été rompus et que les généraux commandant ces corps cherchèrent à trois heures et demie un point de ralliement, au lieu de se rendre auprès du commandant en chef, le général de Wimpffen, ils se rendirent à la sous-préfecture!...

Napoléon III était là. Il offrait à ses généraux le plus triste spectacle. Sa figure n'était plus impassible. Elle exprimait avec une profonde tristesse toutes les agitations d'une âme surprise par des événements inattendus et frappée à l'improviste. Mais déjà le souverain, épouvanté du compte que le pays et l'histoire allaient lui demander, préparait sa justification. Au milieu de ces morts, de ces milliers de blessés, au centre de ce carnage épouvantable, c'est à lui-même qu'il pensait, c'est de lui qu'il parlait. Le général Ducrot arrive près de lui. Aussitôt l'empereur se fait honneur « d'avoir regretté la nomination du général de Wimpffen au commandement en chef; » il déclare hypocritement que « s'il n'a pas voulu s'y opposer, » c'est qu'il « était résolu à ne contrecarrer en rien les décisions venant de Paris. » Ensuite il se tait. Un profond silence règne autour du souverain. « Ce silence, dit le général Ducrot, rendait plus saisissant encore le bruit du dehors. L'air était en feu. Les obus tombant sur les toits entraînaient des pans de maçonnerie qui s'abattaient avec fracas sur le pavé des rues ; l'éclatement des projectiles se mêlait au grondement de 600 bouches à feu. Cette épouvantable canonnade fut entendue jusque devant Metz par le prince Frédéric-Charles. »

« Je ne comprends pas, dit l'empereur au général Ducrot, que l'ennemi continue le feu : j'ai fait arborer le drapeau parlementaire. J'espère obtenir une entrevue avec le roi de Prusse; peut-être aurai-je des conditions avantageuses pour l'armée. — Je ne compte pas beaucoup, répondit Ducrot, sur la générosité de nos ennemis, » et la voix de l'honneur militaire se faisant entendre : « à la nuit, dit-il, nous pourrions tenter une sortie. » L'empereur ne voulait pas de sortie. Il n'avait pas consenti à suivre, à deux heures, le général de Wimpffen. Il ne se résoudra pas davantage, la nuit venue, à obéir aux conseils du général Ducrot. « Sa Majesté

» fit observer qu'il existait un tel désordre, un tel
» encombrement dans la ville, que les troupes
» étaient si démoralisées, qu'il n'y avait pas le
» moindre espoir de réussir. » Pendant les quelques
paroles échangées entre l'empereur et le général
Ducrot, la canonnade, loin de diminuer, redouble
de minute en minute. Le feu se déclare en plusieurs endroits. Des femmes, des enfants tombent
frappés. Le drapeau de l'Internationale ne protége
plus les blessés entassés dans la grande caserne et
dans les maisons converties en ambulances. Acculés aux murailles, amoncelés dans les fossés, soldats
et officiers sont atteints, deux généraux trouvent
ainsi la mort.

La tentative du général de Wimpffen sur Carignan, si deux heures avant elle eût été essayée avec
le concours de l'empereur, aurait-elle coûté un sacrifice de vie plus grand, une égale destruction
d'hommes? Au moins ces morts auraient servi,
procuré peut-être le salut, relevé tout au moins
l'honneur. Frappées sans défense dans les murs,
les troupes périssaient inutilement et honteusement.
— « Mais, dit l'empereur qui se débattait sur le
coup, il faut absolument faire cesser le feu. Écrivez
là, dit-il en se tournant vers le général Ducrot en
lui indiquant la table près de laquelle il était assis.
L'empereur dicta: « Le drapeau parlementaire
» ayant été arboré, les pourparlers vont être ouverts
» avec l'ennemi. Le feu doit cesser sur toute la
» ligne. » Ayant écrit ces lignes, le général Ducrot

regarda l'empereur. — « Maintenant, signez, » dit le souverain. — « Oh ! non, s'écria Ducrot, je ne veux pas signer ! » Et se reprenant, pour expliquer au souverain cette résistance : « A quel titre signerais-je? Je commande le premier corps. C'est le général de Wimpffen qui est général en chef. — Vous avez raison. Mais je ne sais pas où est le général de Wimpffen : il faut que quelqu'un signe ! » On cherche alors quel est le nom qui va endosser le dernier acte du gouvernement personnel.

Napoléon III n'a aucun droit de faire suspendre le feu, arborer le drapeau parlementaire, ouvrir des pourparlers. A ce moment même, de Wimpffen, le général en chef, s'est décidé, en attendant l'empereur qui ne vient pas, à tenter avec le douzième corps l'effort vers Carignan. Il n'a pas encore renoncé à l'idée de la retraite. Il la croit possible. Il ne sait pas que des obus sont tombés dans le jardin de la sous-préfecture, à Sedan ; qu'ils éclatent dans la cour, et qu'il faut traiter ! la volonté personnelle du souverain en a décidé et il importe que « quelqu'un signe. » Ducrot refusant, on cherche le général Faure, chef d'état-major général de l'armée. Le colonel Robert, chef d'état-major particulier de Ducrot, envoyé à ce dessein, trouve le général Faure, lui fait part du dé-sir de l'empereur. « Je viens de faire abattre le » drapeau blanc, répond cet officier plein d'hon-» neur, ce n'est pas pour signer un ordre pareil. » Le colonel Robert, le général Faure et ses deux braves officiers reviennent près du général Ducrot.

4

Pendant ce temps, Napoléon III, impatient, a décidé le général Lebrun à se rendre en parlementaire vers l'ennemi : quand le général Lebrun arriva à la droite du faubourg de Balan, accompagné du planton qui agitait le drapeau blanc, il rencontra le comte d'Olonne, l'officier d'ordonnance de Wimpffen. Celui-ci fit jeter à terre le drapeau blanc, et n'eut besoin que d'un mot pour rappeler le général Lebrun à une conduite plus virile que celle dont l'inspiration impériale l'avait chargé. Le général Lebrun se rendit près de Wimpffen et tenta avec lui le dernier effort. Une heure avant, de Wimpffen avait déjà reçu avis de la défection du souverain. Il avait été rejoint, devant Bazeilles, par M. Pierron, officier de la maison de l'empereur. Celui-ci, au lieu d'annoncer au commandant en chef l'arrivée de Napoléon III, lui remit une lettre de l'empereur qui apprenait que le drapeau blanc flottait sur les remparts. La lettre de l'empereur chargeait le général de Wimpffen d'aller parlementer avec l'ennemi. Le général de Wimpffen répondit à M. Pierron : « Je ne prendrai pas connaissance de la lettre. Je refuse de négocier. » Deux heures après, l'état des choses s'était tellement aggravé que l'arrêt de la fortune était devenu irrévocable. Le général de Wimpffen dut capituler.

Dans quelques jours, le général de Wimpffen, comparaissant devant le conseil d'enquête, devra rendre compte de la conduite qu'il a tenue dans la journée du 1er septembre et de la capitulation qu'il a signée. Durant l'action, il a commis des fautes de stratégie et de tactique; nous les avons relevées. Le conseil qui aura à les examiner devra-t-il les apprécier sévèrement ? L'exposition à laquelle nous nous sommes livré des faits de la bataille, montre ce que nous pensons du général de Wimpffen : il a manqué de résolution, de perspicacité, en ne prenant pas à temps le commandement en chef, en ne se décidant pas à temps à forcer les lignes ennemies dans la direction de Carignan; mais, s'il n'a montré ni les qualités d'un stratégiste ni celles d'un tacticien, il a, durant l'action, fait preuve de courage, et l'honneur militaire n'a rien à lui reprocher. Nul n'est tenu d'être un grand général. La conduite du général après l'action mérite-t-elle autant d'indulgence? Le conseil devra-t-il pardonner aisément la conclusion de certaines clauses de l'armistice et la conduite du général de Wimpffen dans les journées qui ont suivi la capitulation? Nous ne le pensons pas, et deux reproches nous paraissent peser sur le signataire de la capitulation.

Tous les réglements militaires renferment une règle que le sentiment de l'honneur suppléerait, à ce qu'il semble, si elle n'existait pas : c'est la règle d'après laquelle, en cas de capitulation, les officiers ne doivent jamais séparer leurs intérêts de ceux des soldats. Le sort que subissent les hommes, les chefs doivent l'accepter; ainsi, il est expressément défendu au général qui négocie une capitulation de stipuler pour lui, pour son état-major, pour les officiers de l'armée, un traitement moins sévère que pour le reste de ses troupes. Le seul avantage que, dans l'humiliation de la défaite, les officiers puissent réclamer, c'est le droit de garder leur épée.

Le général de Wimpffen n'a-t-il pas oublié absolument et cette règle des lois militaires et ce principe de l'honneur en concluant la capitulation de Sedan ? Le général de Moltke posait d'abord ainsi ses conditions : L'armée tout entière sera prisonnière avec armes et bagages ; on laissera aux officiers leurs armes comme un témoignage d'estime pour leur courage, mais ils seront prisonniers de guerre comme la troupe. En réponse à ces prétentions, le général de Wimpffen demanda pour l'armée entière le droit de se retirer avec armes et bagages, moyennant l'engagement que ni les soldats ni les officiers ne serviraient pendant la guerre contre la Prusse. Ni M. de Moltke ni M. de Bismarck n'y consentirent. A la fin des pourparlers, M. de Bismarck offrit que les officiers seraient laissés libres d'éviter la captivité, en signant l'engagement de ne plus servir la France, et le général de Wimpffen accepta cette clause, contraire aux règles de la discipline et aux principes de l'honneur militaire. L'article 1er de la capitulation portait que l'armée française était prisonnière de guerre. L'article 2 portait qu'il était fait exception pour tous les généraux et officiers qui engageraient leur parole d'honneur par écrit de ne pas porter les armes contre l'Allemagne, et de n'agir d'aucune autre manière contre ses intérêts jusqu'à la fin de la guerre actuelle. Tel est l'acte au bas duquel le général de Wimpffen mit sa signature, le 2 septembre 1870, à huit heures du matin, et dont il doit aujourd'hui compte à l'armée et au pays.

Un conseil de guerre fut tenu à Sedan le 2 septembre au matin ; trente de nos généraux assistaient à ce conseil : à l'unanimité moins deux voix, celles des généraux Pellé et de Bellemarre, le principe de la capitulation fut admis : mais les généraux connurent-ils la cause qui établissait une exception en faveur des officiers? La question devra être éclaircie par le conseil d'enquête chargé de juger le général de Wimpffen. Le compte rendu publié par le général de Wimpffen et signé des généraux de Wimpffen, Ducrot, Lebrun, F. Douay, Fargeot et Dejean ne porte aucune mention relative à ce point. Il est difficile de croire que le respect des règles militaires et le sentiment de l'honneur aient cédé chez vingt-huit officiers de notre armée à une considération d'intérêt personnel.

Coupable d'avoir accepté de M. de Bismarck un traitement de faveur pour les officiers de l'armée prisonnière, le général de Wimpffen aggrava personnellement cette faute en abandonnant l'armée dès qu'il put le faire ; il ne paraît pas, en effet, qu'il se soit préoccupé du sort des malheureux soldats qu'il venait de livrer à la Prusse. On a raconté d'une manière dramatique les souffrances que subit notre armée au camp de Glaire. En aval de Sedan, sous

les collines de Floing, la Meuse forme un coude ;
l'espace qu'elle enserre ainsi a le nom de presqu'île
d'Iges. Le nom n'est pas tout à fait exact. Un canal
sépare la presqu'île du côté où elle tient à la terre
ferme et en forme une véritable île. Au milieu des
eaux qui l'entourent de tous les côtés, le sol de ce
lieu était marécageux, fort malsain à cette époque
de l'année. Ce fut là qu'on parqua notre armée dans
le camp de Glaire. Pendant près de quinze jours,
80,000 hommes furent là, malades, manquant de
pain, sans vêtements, exposés à toutes les bruta-
lités d'un vainqueur enivré par la victoire et rendu
féroce par l'ivresse. L'eau de la Meuse n'était point
potable : la rivière charriait des cadavres d'hommes
et de chevaux en grand nombre. Les soldats, tout
en fièvre, couchaient dans une boue profonde.

Le général Ducrot comprit ce que la présence des
chefs apporterait de consolation aux malheureux
soldats, ce que l'intervention de leurs officiers pour-
rait leur procurer d'adoucissement. Il sollicita du
général de Moltke la permission de demeurer au
camp de Glaire. Quant au général de Wimpffen, il
déclare que le 3 septembre, « ne voulant pas rester
plus longtemps sur le lieu témoin de notre *glorieux*
désastre, » il écrivit au général de Moltke pour
obtenir l'autorisation de gagner l'Allemagne. Il a
publié la lettre : on y voit que le général français se
préoccupait particulièrement du sort de deux vieux
chevaux « qui ont été ses compagnons de fatigue
en Italie et dernièrement encore en Afrique et en

France. » Demanda-t-il à rester avec les prisonniers au camp de Glaire? Il ne le dit pas. Que fit-il pour adoucir leur sort? Le récit qu'il a publié est muet sur ce point. Le général de Moltke répondit en accordant au général de Wimpffen l'autorisation de se rendre en Allemagne : il lui laissait le choix de suivre la « marche des échelons, » c'est-à-dire d'accompagner l'armée et de faire avec elle la route de la captivité et de l'exil, ou bien de se rendre par la Belgique directement avec ses officiers jusqu'en Wurtemberg. Le général de Wimpffen préféra ce second parti, et laissa l'armée suivre seule la voie douloureuse dont M. de Moltke lui fixait les étapes.

Imprimerie L. TOINON et Cie, à Saint-Germain.

270